coleção primeiros passos 85

Nilo Odalia

O QUE É VIOLÊNCIA

6ª Edição

editora brasiliense
São Paulo - 2012

Copyright © by Nilo Odalia
Nenhuma parte desta publicação pode ser gravada,
armazenada em sistemas eletrônicos, fotocopiada,
reproduzida por meios mecânicos ou outros quaisquer
sem autorização prévia do editor.

6ª edição, 1991
2ª reimpressão, 2012

Diretora Editorial: *Maria Teresa B. de Lima*
Editor: *Max Welcman*
Produção Editorial: *Ione Franco*
Produção Gráfica: *Adriana F. B. Zerbinati*
Capa e ilustrações:*123 (antigo 27) Artistas gráficos*
Revisão: *Luiz R. S. Malta*
Atualização da Nova Ortografia: *Natália Chagas Máximo*

Dados Internacionais de Catalogação na Publicação (CIP)
(Câmara Brasileira do Livro, SP, Brasil)

Odalia, Nilo
 O que é violência / Nilo Odalia. -- São Paulo: Brasiliense,
2012 -- (Coleção Primeiros Passos: 85)

 ISBN 978-85-11-01085-5

 1. Violência I. Título. II. Série.

04-0182   CDD-303.6

Índices para catálogo sistemático:
1. Violência : Sociologia   303.6

editora brasiliense ltda
Rua Antonio de Barros, 1839 - Tatuapé
CEP 03401-001 — São Paulo — SP
www.editorabrasiliense.com.br

SUMÁRIO

I. Palavras iniciais 7
II. A violência original 9
III. A violência institucionalizada 24
IV. Violência social 37
V. Violência política 47
VI. Violência revolucionária 61
VII. Palavras finais 81
Indicações para leitura 89
Sobre o autor 91

Para Júlia Ianina, neta recente, na esperança de que viva num mundo menos violento.

I
PALAVRAS INICIAIS

Este pequeno livro fala de violência. Não é um tratado sobre a violência. Pretende ser uma reflexão muito pessoal sobre a violência que atinge a todos nós. Não faz referências expressas a autores que tentaram, mais aprofundadamente e mais radicalmente, pensar o fenômeno da violência. Meu objetivo é mais simples – tão simples quanto a linguagem que utilizo: sistematizar algumas reflexões sobre um mundo violento e que gostaria não o fosse. Por isso, não pude evitar em alguns momentos um tom nostálgico. É que estas reflexões se situam entre dois marcos, primeiro, um passado em que a memória juvenil teima recriar de São Paulo uma imagem dominada pela lembrança de um jovem que desce a Av. Angélica, depois dos bailes de formatura no Ginásio do Pacaembu, ou no Club Homs, sem temor e sem receios, alegre de viver e feliz por sentir no rosto a aragem fresca da madrugada garoenta; ou então caminha pela Av. Ipiranga, para na esquina do Juca Pato e fica horas vendo a noite passar, falando sobre coisas hoje imateriais, ainda contente de se sentir vivo, no meio de boas e más coisas, de más e boas pessoas, sem que sua vida fosse posta em perigo. O segundo, o presente, no qual o prazer de ver-se a cidade madrugar é sinônimo de uma aventura temerária, ou de uma louca corrida de automóvel, que destrói o que as saudades criam.

Mas o livro tem um outro objetivo – talvez, mais difícil de ser alcançado, pois envolve as qualidades do escritor e do pensador – e que é mais um desejo: contribuir para que os seus leitores sejam incentivados a pensar a violência e que esse pensar seja o primeiro passo positivo em direção ao repúdio de todas as formas de violência. Só assim, creio, poderemos um dia juntos construir um mundo em que a violência seja um incidente episódico e circunstancial.

A VIOLÊNCIA ORIGINAL

A violência, no mundo de hoje, parece tão entranhada em nosso dia a dia que pensar e agir em função dela deixou de ser um ato circunstancial, para se transformar numa forma do modo de ver e de viver o mundo do homem. Especialmente, do homem que vive nas grandes cidades – esses grandes aglomerados humanos que se tornam o caldo de cultura de todos os tipos de violência. Contudo, quando falo em violência, ou quando nós falamos e nos preocupamos com a violência, sua primeira imagem, sua face mais imediata e sensível, é a que se exprime pela agressão. Agressão física que atinge diretamente o homem tanto naquilo que possui, seu corpo, seus bens, quanto naquilo que mais ama, seus amigos, sua família.

Essa violência, qualquer que seja sua intensidade, está presente nos bairros sofisticados e nas favelas, nos bairros da classe média e nos pardieiros, nos campos de futebol da várzea ou no estádio do Morumbi. Ela se estende do centro à periferia da cidade e seus longos braços a tudo e a todos envolvem, criando o que se poderia chamar ironicamente de uma democracia na violência.

Pode perceber-se as consequências dessa violência na paisagem urbana. Nos bairros sofisticados e elegantes, a arquitetura a ela se adapta e o desenho arquitetural busca se adaptar às novas condições de vida familiar. Vinte ou trinta anos atrás, o arquiteto buscava conquistar os espaços exteriores, os jardins se abriam acompanhando o movimento e o ritmo das rosas e margaridas que captam o espaço externo, mostrando-se. O espaço visual era ampliado, pois as residências eram projetadas para fora e funcionavam como absorvedoras de espaço.

Hoje, a arquitetura perde seu sabor pela vida exterior, interioriza-se, e o que se busca, desesperadamente, é a segurança e a defesa. Defendemo-nos de tudo. Os espaços são fechados, a casa é projetada para dentro de si mesma, o exterior é abandonado, pois é o perigo a ser evitado, não a beleza a ser conquistada. A arquitetura do espaço aberto cede seu lugar a uma arquitetura de defesa e proteção.

Ontem, as residências traziam o mundo exterior para dentro de si mesmas e a ostentação era o prazer de um convite à contemplação, tanto de dentro para fora como de fora para dentro. Hoje, a nova arquitetura preocupa-se em assegurar, para os moradores de uma residência, a segurança de um caramujo ou de uma tartaruga. A casa é um espaço fechado, os jardins passam a ser jardins de inverno (num país tropical) e o ideal – quando possível – é ocupar todo o espaço disponível do terreno, da mesma maneira que uma casamata o faz. Voltamos, ou retroagimos, a uma concepção de moradia que se aproxima à concepção medieval.

A diferença assinalada entre essas duas concepções de arquitetura é observável nos bairros que tenham mais de vinte anos, neles convivem duas concepções arquiteturais divergentes em relação ao espaço exterior. Vejo casas que ainda possuem jardins que são feitos, ou foram feitos, para a contemplação dos que estão tanto fora como dentro da casa. Ao lado dessas casas, vejo outras cuja característica maior é a de possuírem altos e intimidantes muros, tanto mais úteis quanto mais feios e intimidantes o forem. São casas que do exterior parecem sombrias, seus altos muros, sua indevassabilidade, lembram os antigos asilos de loucos – sua marginalidade é a mesma.

As diferenças entre uma concepção e outra são gritantes: numa se tem o espaço como algo a ser conquistado, a ser incorporado e absorvido pela casa, fazendo o exterior um de seus elementos. Na outra, o espaço é contido e prisioneiro, os jardins são engolidos por grossas e altas muralhas – e o são na verdade –, onde despontam guaritas, que lembram ameias e seteiras dos castelos medievais. O mundo torna-se menor, restringe-se, e o isolamento familiar, assegurado atrás de pesados portões e protegido por uma parafernália eletrônica – único contato com o mundo exterior –, revela com nitidez que a casa hoje é menos compreendida como o lugar de repouso e tranquilidade, uma ligação amorosa com o exterior, e mais como um refúgio contra a vida exterior, contra a violência, preocupação constante e diuturna.

No outro extremo, nos bairros em que abundam os pardieiros e favelas, a violência não pode ser escorraçada e evitada com cercas e muros. Ela é uma realidade com a qual se convive, uma realidade cuja proximidade e intimidade auxiliam esquecê-la. Ela é enfrentada como uma das tantas calamidades que se enfrentam no cotidiano. Sobreviver aí é sofrer e produzir violência. Na favela, no cortiço, embaixo das pontes, como o isolamento é uma quimera, a única arma contra a violência é permitir que a promiscuidade e o hábito teçam uma rede de conformismo que, aqui ou ali rompida, não deixam de funcionar como uma falsa proteção. Não havendo uma solução para a violência da vida cotidiana, o remédio é integrá-la como um componente normal das relações entre os homens.

A violência está de tal modo arraigada em cada um dos passos e gestos do homem moderno que não se pode deixar de indagar se ela é um fenômeno típico de nossa época; se é um traço essencial que individualiza nosso tempo. Isto é, será a violência, em nossos dias, um elemento estrutural que permite diferençar nosso estilo de vida, nossas condições de viver em sociedade, daquelas que vigiram há cem, duzentos ou trezentos anos atrás? Resuma-se a questão: a violência hoje é um modo de ser do homem contemporâneo?

O viver em sociedade foi sempre um viver violento. Por mais que recuemos no tempo, a violência está sempre presente, ela sempre aparece em suas várias faces.

Num livro a justo título célebre, *O Declínio da Idade Média* (existe uma edição em português), o historiador holandês Huizinga, em seu primeiro capítulo, fala exatamente sobre o teor violento da vida desses tempos. Mas recuando ainda mais no tempo, vemos que os nossos ancestrais, os hominídeos, sobreviveram porque souberam suprir suas debilidades naturais, sua pequena força física, pela inteligência na construção de artefatos de defesa e ataque. Lembro aqui, como ilustração, a magnífica sequencia cinematográfica do filme *2001 – Uma Odisseia no Espaço*, a sequencia inicial, que apresenta o momento em que os macacos descobrem a utilização de ossos como arma contundente, mortal e vitoriosa. Quando o macaco vitorioso lança para o alto o osso-instrumento de morte, numa linda fusão ele se transforma numa espaçonave gigantesca com a forma de um carrossel. São dois mundos que se interligam, e mesmo se fundem, numa continuidade que tem como elemento de ligação a violência.

Embora seja verdade que posso ver aí um dos traços obsessivos de nossa época, a violência, não se pode deixar de reconhecer que uma das condições básicas da sobrevivência do homem, num mundo natural hostil, foi exatamente sua capacidade de produzir violência numa escala desconhecida pelos outros animais.

Se penso, porém, na violência que caracteriza o homem histórico, o homem que vive em sociedades complexas e diferenciadas, percebo que essa violência ganha contornos diferentes. Ela não se exercita simplesmente como uma defesa para a sobrevivência; ela se delineia diferentemente, recobre-se de formas sutis. Ela deixa de ser uma agressividade necessária frente a um universo hostil. Ela de alguma forma se enriquece, pois perde sua forma natural de defesa para ser uma decorrência da maneira pela qual o homem passa a organizar sua vida em comum com outros homens. Ela aparece também nos fantasmas que o homem cria em seu processo civilizatório; buscando respostas às coisas desconhecidas que interroga, faz delas violências e lhes responde frequentemente com violências. Não é só a violência física que distila o viver em sociedade e que apavora o homem: outros temores, outros medos, assaltam-no e acabam também por moldar seu estilo de vida.

Tomo por exemplo a Idade Média e o livro de Huizinga. O que é o teor violento de vida? Ele não diz respeito somente à violência física a que está submetido o homem medieval, mas é algo que se relaciona com elementos mais íntimos da vida interior da sociedade medieval. São, por exemplo, os contrastes vivenciados intensamente por essa sociedade. A noite e o dia são claramente demarcados. Os homens desprovidos dos recursos que permitem viver a noite e o dia quase que indiferentemente – como ocorre hoje –, viam-se pressionados a viver ativamente, enquanto a luz solar lhes concedia calor e claridade para trabalhar, para conviver com a natureza e para afugentar os fantasmas que nasciam das primeiras sombras da noite. A noite significava o misterioso e o tétrico. Incapaz de vencer as trevas, senão em espaços limitados, iluminados por débeis velas, o homem medieval recolhe-se ao lar e, impossibilitado de ver com os olhos do corpo, dá vazio aos da imaginação.

As trevas favorecem o nascimento do ignorado, do assustador, do obscuro, enfim, dos fantasmas que lhe torturam a mente e o corpo. O homem medieval é um homem que teme as trevas porque elas propiciam o nascimento daquilo que não se pode ver, mas sentir agudamente por intermédio de uma sensibilidade e de uma imaginação exacerbadas pela rigidez como se demarcam o dia e a noite, o claro e o escuro.

Esse mesmo contraste se reveste de uma coloração mais dura e dramática, quando se opõe a piedade cristã às terríveis punições a que estavam sujeitos, não apenas os criminosos de crimes comuns, mas também os hereges e apóstatas da verdadeira religião, o cristianismo. Mãos decepadas, purificações em fogueiras, mortes públicas e castigos exemplares, espetáculos todos encenados com uma finalidade educativa e intimidativa. Os homens, mulheres e crianças que assistiam a esses espetáculos com avidez, interesse e mórbida participação, logo depois recolhiam-se piedosamente, atendendo os sons dos sinos da igreja que marcavam o ritmo de suas vidas; ou, então, persignavam-se, baixavam os olhos contritos, vertiam lágrimas sinceras ao assistir a lenta passagem das inumeráveis procissões religiosas.

Todos esses acontecimentos eram espetáculos que animavam a vida incolor e sombria daqueles homens rústicos – como também o eram os pregadores que, de cidade em cidade, de vilarejo em vilarejo, soltavam de suas bocas as labaredas incandescentes do fogo eterno do inferno, onde deveriam ser consumidos e abrasados os pecadores.

Esse clima contrastante em que submergia a vida do homem medieval ainda mais se brutalizava, pela presença da mais simples doença. Mal podemos imaginar o que ela significava em dor, sofrimento e temor. Um parto é uma tragédia pela incerteza do resultado. Vida e morte estão sempre próximas, uma e outra são sofridas com resignação. Para completar o quadro, acrescente-se que o pão nosso de cada dia é conquistado com todo o suor do rosto do homem e quanto ele lhe falta, pela ocorrência de pragas ou secas prolongadas, a morte campeia despudoradamente. Com seu longo alfanje, despovoa as cidades e os vilarejos. Tanto quanto a fome, as epidemias e as pestes dizimam e matam.

O sofrimento e a dor são uma constante que mais se acentua quando se confronta o modo de vida da maior parte das populações, com o daqueles poucos que – se não conseguem fugir deles completamente –, pelo menos podem usufruir tudo o que o poder e a riqueza permitem em matéria de prazer.

Mas não fiquemos apenas na Idade Média. Ela não é um tempo privilegiado em violência. A carga excessiva de obscurantismo que os historiadores lançaram sobre ela, transformando-a numa Idade das Trevas, não é um retrato fidedigno do que ela realmente foi. A violência não é o apanágio de uma época, assim como a inteligência e a racionalidade não o são de outras. A história não é o que já pretenderam alguns historiadores e filósofos, uma injusta distribuição do mal e do bem, de maneira que umas épocas são de luz, outras, de trevas.

Não devemos jamais esquecer, contudo, que a tradição clássica greco-romana, onde orgulhosamente a cultura ocidental vai buscar suas raízes, é tão carregada de violência quanto os impérios que a precederam. Um espírito tão superior como o de Aristóteles é tão presa de sua época como o mais humilde dos artesãos e é por isso que não titubeia em justificar a escravidão como um instrumento necessário para que os verdadeiros cidadãos atenienses pudessem usufruir do ócio e do lazer, para se dedicarem às coisas mais sublimes do espírito.

Não se sujeitam apenas os corpos dos homens, vai-se mais longe, distinguindo-os, de maneira a fazer crer que uns são corpos e espíritos, e os outros, apenas corpos, força física, encarregados das atividades consideradas mais baixas e indignas de uma sociedade.

Não nos esqueçamos também que essa mesma distinção foi vivida entre nós, no Brasil colonial, e para que o índio pudesse ser considerado um ser humano houve a necessidade de uma bula papal, declarando ser ele possuidor de uma alma. E que os negros até 1888 foram considerados como coisas que podiam ser compradas, vendidas, trocadas, permutadas, gastas de acordo com a vontade soberana de seu senhor.

Que melhor *documento*, porém, da violência do que a Bíblia? Ela é um repositório incomum de violências, um abecedário completo e variado, que vai da violência física à violência sutil e maliciosa, do estupro ao fratricídio, do crime passional ao crime político. A Bíblia pode nos dar uma tipologia completa da violência. Ela se inicia por uma violência – a expulsão de Adão e Eva do Paraíso. Mas esta é uma violência ostensiva e ouso dizer: menor, porque é a consequência de outra mais sutil, mais camuflada e, portanto, mais difícil de ser detectada e compreendida como violência.

Peguemos o fio da meada. O que é a expulsão do Paraíso? É a punição que o homem sofre por ter cometido uma infração. Infração definida e executada por um juiz que, de paternal, ao estabelecer e criar as condições de vida do casal no jardim eterno, transforma-se no carrasco, ao impor os limites de seu gozo.

Recordemos a história, que se encontra no Gênesis. Depois de criar todas as coisas sobre a Terra, Deus cria o homem e a mulher e lhes dá o domínio sobre as coisas criadas e atribui-lhes como missão crescer e multiplicar-se: "Crescei e multiplicai-vos e enchei a Terra e sujeitai-a...". Colocados no jardim eternamente primaveril, ao homem e à mulher são proibidos os frutos da árvore da ciência do Bem e do Mal. Tentados pela serpente, eles comem os frutos e perdem sua inocência. E o Paraíso. São condenados, um, a trabalhar e tirar do próprio esforço e com o suor do rosto seu sustento, a outra, a sofrer as dores do parto.

A pergunta: de onde o castigo e por que o castigo? Ele se origina, evidentemente, da infringência de uma norma fixada arbitrariamente, cuja existência apenas se justifica pela presença de uma vontade unilateral, que se manifesta dando ou tirando, segundo suas próprias diretrizes. Uma vez estabelecida, a norma parece ganhar sua própria legitimidade e se impõe naturalmente, de maneira que fica aberto o caminho para a punição toda vez que ela é transgredida. A norma pressupõe a pena, tanto como uma forma de ser obedecida como um de seus fundamentos.

O que mais interessa, contudo, são as consequências da transgressão. Ao transgredir, o homem perde sua inocência e nisso se iguala a Deus, pois passa a ser capaz de reconhecer o Bem e o Mal. Os dois inicialmente lhe estão ocultos, pois não havendo o Mal, o Bem não se materializava senão no seu gozo inconsciente. O Mal começa a existir concretamente no instante da transgressão, mas, na verdade, sempre existiu como uma possibilidade divina, não revelada. O Mal não existia para o homem, nem mesmo como possibilidade, pois não podia imaginar a sua existência. Ao infringir a norma, que somente lhe dizia que não devia comer o fruto da árvore proibida, o homem concretiza o Mal que desconhecia e é duplamente punido. Em primeiro lugar, porque concretiza e passa a conhecer o Mal, em segundo lugar, porque é expulso do Paraíso.

Por outro lado, o homem perde sua inocência por ser inconsciente de sua existência. Ele a perde, por não saber distinguir dentro de si senão a proibição que, em si, é vazia de todo conteúdo. Seu valor não deriva do que é, pelo menos para o homem que desconhece o seu ser, mas tão somente da autoridade de quem a estabelece. Como consequência final, o pecado original representa para o homem e para a mulher a consciência de sua situação no Paraíso, de suas relações recíprocas e com o Criador. Poder-se-ia imaginar que a verdadeira fruição do Paraíso deveria começar aí, mas o que se tem é que a consciência de uma situação é rapidamente penalizada. O homem e a mulher perdem seus direitos e privilégios, que desconheciam como tais, mas passam a ter a consciência de que as relações entre eles e Deus não eram entre iguais, mas entre semelhantes, o que permitia existir o subordinado e o subordinador.

O ato violento não traz em si uma etiqueta de identificação

O primeiro exemplo bíblico de violência me parece instrutivo, por mostrar que não se pode compreendê-la como uma relação, um ato, claros e transparentes por si mesmos. Nem sempre a violência se apresenta como um ato, como uma relação, como um fato, que possuam uma estrutura facilmente identificável. O contrário, talvez, fosse mais próximo da realidade. Ou seja, o ato violento se insinua, frequentemente, como um ato natural, cuja essência passa despercebida. Perceber um ato como violência demanda do homem um esforço para superar sua aparência de ato rotineiro, natural e como que inscrito na ordem das coisas.

O ato violento não traz em si uma etiqueta de identificação. O mais óbvio dos atos violentos, a agressão física, o tirar a vida de outrem, não é tão simples, pois pode envolver tantas sutilezas e tantas mediações que pode vir a ser descaracterizado como violência. A guerra é um ato violento, o mais violento de todos; talvez, contudo, esse caráter essencial parece passar a ser secundário se o submergimos sob razões que vão desde a defesa da pátria às incompatibilidades ideológicas. Matar em defesa da honra, qualquer que seja essa honra, em muitas sociedades e grupos sociais, deixa de ser um ato de violência para se converter em ato normal – quando não moral – de preservação de valores que são julgados acima do respeito à vida humana.

Razões, costumes, tradições, leis explícitas ou implícitas, que encobrem certas práticas violentas normais na vida em sociedade, dificultam compreender de imediato seu caráter. Se atento para o exemplo bíblico, verifico que a violência não está na expulsão – ato explícito –, que é apenas uma consequência, mas, sobretudo, na fixação de regras e normas de conduta que amesquinham e diminuem o homem, sem que ele disso tenha consciência – ato implícito.

O exemplo bíblico é um paradigma, a matriz de uma situação que se perpetua na vida social do homem, onde a prática violenta só é parcialmente desvendada. E por não ser desvendada, ela é manipulada como uma prática de dominação entre desiguais.

III
A VIOLÊNCIA INSTITUCIONALIZADA

Ontem como hoje, os homens morrem de fome, de frio, de miséria; as secas prolongadas, as doenças e as epidemias, as enchentes, continuam a dizimar populações. Mas também é fato, ontem como hoje, que outros homens continuam a gozar a vida, a usufruir e a extrair dela tudo que ela lhes pode dar, a acumular riquezas e prazeres.

Nada disso é novo – essas coisas ocorrem hoje como ocorreram ontem, há dez, cem ou trezentos anos atrás. Aparentemente, nenhuma diferença entre essas situações do passado e do presente. Tudo parece se passar como se a naturalidade e o fatalismo dessa convivência espúria entre a riqueza e a pobreza fossem uma condição necessária do modo de ser da sociedade humana.

Nascemos, somos criados, atingimos a maturidade, sendo educados na crença de que "enquanto o mundo for o mundo", pobreza e miséria, infelicidade e tristeza, desamparo e promiscuidade, são o legado irrecusável de uma parte da humanidade, a mais numerosa; e que seus opostos: o rico e a riqueza, a alegria e a felicidade, o amor e a privacidade, são os apanágios de uns poucos. E que uns e outros nada têm a haver com a perpetuação dessa injustiça. O pouco e o muito são pensados como extremos de uma situação irreversível, contra a qual a ação do homem é impotente, não podendo revertê-la nem modificá-la. Os muitos pouco e os poucos muito aparecem como condições naturais e necessárias para a existência de uma sociedade de homens. Pensar o equilíbrio como uma forma de organizar a sociedade surge sob a aparência de uma violação de um princípio e de uma norma, a competitividade, as diferenças individuais, que anularia todo o esforço do homem em sua ingente tarefa de organizar-se socialmente. Uma longa tradição do pensamento ocidental se empenhou e se empenha até agora no sentido de demonstrar que a desigualdade é uma condição imprescindível, para que se tenha uma sociedade mais rica, mais complexa, e menos distributiva.

A sociedade humana aparece, assim, como a filha da injustiça e da desigualdade, sem que estas possam ser atribuídas à ação do homem. Elas permanecem como um substrato último da sociedade, uma estrutura inconsciente que inibe todo o esforço humano para superá-la.

Em nenhuma época, como a de hoje, por outro lado, fomos tão informados, quer sobre a riqueza, quer sobre a pobreza. Um homem que nunca saísse de sua casa, poderia estar perfeitamente informado sobre o que ocorre no mundo. Os meios de comunicação de massa lhe permitiriam saber tudo o que quisesse – e mesmo não quisesse – sobre a abundância e a escassez do mundo que o circunda. E este não é apenas a sua pequena vila, perdida nos confins desérticos do nordeste brasileiro, do século XIX, nem uma pequena cidade do mundo medieval ou romano, incrustada numa montanha inacessível. O mundo que o circunda é a "aldeia global" – é tanto seu vizinho de bairro que aparece na televisão porque foi atropelado ou assaltado como o palestino que luta por sua pátria, ou o escritor, ou o médico, ou o cientista, que ganhou o último prêmio Nobel.

O mundo desfila diante do telespectador; se vê a miséria das favelas, vê também a opulência de mansões cinematográficas; se vê um governante diminuir do orçamento nacional os fundos que se destinam à assistência aos pobres, aos velhos, aos desamparados, vê também o mesmo governante destinar, ostentando em sua face o mesmo ar cínico e sorridente, bilhões de cruzeiros ou dólares para o aperfeiçoamento, para a criação, de novas armas, novas máquinas de matar. Porém mais do que isso, ele consome com esses fatos as justificações que os tornam possíveis. Muito provavelmente ele – do mesmo modo que outros milhões de homens –, acabe por acreditar que realmente é fundamental, para que continue a viver, aumentar um arsenal de bombas atômicas já suficiente para destruir várias vezes a Terra e que produzi-las cada vez mais é uma garantia de que o mundo ficará livre da guerra.

A impressão amarga que nos resta na boca é a de que riquezas e misérias são consumidas, através do jornal, do cinema, da televisão, em doses tão maciças que a vizinhança espúria funciona como um antídoto – inibidor dos germens da revolta e do inconformismo. É como se experimentássemos a sensação de alívio porque a miséria está com o outro, e a riqueza poderá um dia estar conosco. E cada um de nós tem sempre ao seu lado alguém, talvez um velho – falso sábio – que do alto de sua suposta experiência nos dirá, entre desolado e cético, o mundo é assim mesmo e nada o mudará.

Posso insurgir-me contra a fatalidade dessa afirmação? Creio que sim. Não vejo por que devo privilegiar o que chamamos de sociedades históricas, isto é, aquelas em que a injustiça e a desigualdade são vistas como consequências inevitáveis de uma sociedade, quando a antropologia me põe diante dos olhos sociedades em que essa fatalidade não ocorre.

Em certas sociedades primitivas, a acumulação de riquezas significa estocar objetos de uso que, num, determinado momento, são redistribuídos e consumidos por todos. Ser rico não significa avareza, nem a cobiça; não significa reter, mas seu contrário, distribuir. Ser rico é sinônimo de doação, doa-se para receber, em contrapartida, o respeito e a consideração dos que receberam. O fundamento desse costume é a reciprocidade que legitima tanto o processo de acumulação de bens e sua redistribuição quanto o respeito e a consideração que são devolvidos como gestos retributivos.

Em sociedades em que a redistribuição e a reciprocidade são fatores essenciais da vida social, o ter e o possuir não significam, de maneira alguma, a atitude ideológica de julgar *natural* a divisão dos homens entre os que possuem e os que não possuem. A naturalidade aí reside no fato de que o ter e o possuir significam uma relação transitória do haver, de modo que este apenas culmina quando, paradoxalmente, se destrói a coisa possuída pelo consumo coletivo e não pessoal.

Toda naturalidade, no interior de uma sociedade, é somente uma forma histórica transitória, que sempre se apresenta sob uma feição absoluta – e como tal é falsa –, pois só assim pode ser concretizada. O caráter não absoluto de um ato acreditado como natural destruiria sua razão de ser e sua existência seria impossível.

Viver em situações de desigualdade, que são vividas e conscientizadas pelo homem como tais, pressupõe para sua continuidade que o fenômeno da desigualdade seja vivenciado como se sua origem não decorresse de relações entre homens, porém em forças que transcendem tais relações. Como consequência, lutar contra a desigualdade é apresentado sob uma forma que beira a insensatez, pois nada contra a corrente histórica. Nesse raciocínio, as desigualdades nunca serão superadas, o máximo que se pode conseguir é despi-las das roupagens antigas e gastas e substituí-las por novas, que modificam sua face, não, porém, sua natureza.

O ato rotineiro e contumaz da desigualdade, das diferenças entre os homens, permitindo que alguns usufruam à saciedade o que à grande maioria é negado, é uma violência. São os hábitos, os costumes, as leis, que a mascaram, que nos levam a suportá-la como uma condição inerente às relações humanas e uma condição a ser paga pelo homem, por viver em sociedade. Agimos como se a desigualdade fosse uma norma estabelecida pela natureza da sociedade e contra a qual pouco é possível, enquanto o "mundo for o mundo".

Essa maneira de pensar e agir institucionaliza a desigualdade e faz aparecer como natural a distinção entre os homens que possuem e os que não possuem. A verdade, contudo, é que essa institucionalização da divisão nada tem de natural; se assume essa feição é porque sua existência alicerça-se na estrutura de uma sociedade em que o relacionamento dos homens não se dá no mesmo nível de proximidade do que aquele experimentado em sociedades menos complexas, onde a redistribuição e a reciprocidade são princípios básicos da convivência humana.

Devo deixar claro aqui que não proponho nem sugiro a prática de princípios que orientavam sociedades menos complexas. O que quero destacar é que a pretensa naturalidade de um comportamento, de uma crença, não se origina de uma natureza imutável da sociedade humana. A naturalidade é apenas um disfarce, uma forma de camuflar o fato concreto de que a desigualdade nasce de uma estrutura social mutável e historicamente determinada.

A desigualdade, enquanto violência, não é um fenômeno atemporal, que deve necessariamente atingir todas as formas de sociedades possíveis. A naturalidade da desigualdade, que nos tem sido imposta, no correr da história do homem civilizado, só pode ser compreendida quando se compreende que ela é uma condição de estruturas sociais, que passam a reproduzi-la como um fenômeno aparentemente natural. Não me parece importante aqui determinar-se a origem mais remota dessa desigualdade – diferenças individuais poderão estar à sua raiz –; contudo, significativo é observar que as experiências históricas do homem, enquanto ser social, não conduzem, nem permitem inferir que a violência da desigualdade é uma consequência obrigatória e natural das relações entre os homens. Ela pode ou não estar presente nessas relações, mas, de todas as maneiras, ela é um produto social e não pode ser analisada nem como um ato de vontade do homem, nem como uma imposição da natureza do homem.

A violência da desigualdade existe não porque o homem assim o quis, nem existe por ser uma decorrência natural do viver em sociedade. Ela aparece em condições históricas específicas e se se perpetua é porque essas condições também se perpetuam, mesmo que se modifiquem as suas maneiras de aparecer.

Em sociedades pequenas e pouco diversificadas, as chamadas sociedades primitivas, por exemplo, a relação entre os homens é direta e imediata. Os homens se agrupam e se organizam em sociedade visando garantir a sobrevivência, mas esse ajuntamento exige que a integração de cada um na totalidade dos esforços da sociedade seja uma das condições de sua existência. As distinções que possam aí aparecer não podem permitir a ocorrência de descontinuidades e rupturas intransponíveis, pois senão se poria em risco a própria sociedade.

Os chamados ritos de iniciação mostram como superar a possibilidade de rupturas. Elas são cerimônias de iniciação, passagem e integração, pois funcionam na qualidade de desvendamentos progressivos da própria sociedade. Esta se põe nua frente ao homem, que a vai possuindo progressivamente, na medida em que evolui da infância para a juventude, e desta para o estado de adulto. Se nessas sociedades velhice e sabedoria quase sempre se confundem, isso só é possível pelo fato de que ao atingir a primeira o homem se assenhoreia de sua sociedade como uma totalidade viva, na qual não se distinguem passado, presente e futuro. O velho traz dentro de si a sociedade e nisso não se distingue nem de seus contemporâneos, nem de seus ancestrais. Em contrapartida, a sociedade também o possui de forma integral. Eles formam uma unidade integrada.

Em nossa sociedade, o processo é exatamente o oposto. Nossas relações com outros homens e com a sociedade são cada vez mais distantes e indiretas. São sempre mediatizadas por formas e instituições que camuflam o fato de que numa sociedade de homens, o elemento essencial são as relações entre eles. Esse processo de afastamento do homem do homem se acentua com a idade, pois é quando somos adultos que o processo de fragmentação pessoal atinge sua intensidade máxima. O homem não se reconhece nos outros e a própria sociedade só é entrevista, só é desvendada parcialmente. Esse processo de fragmentação, que se inicia muito cedo na formação do homem, ocorre toda vez que ele se encontra na necessidade de optar entre duas, três ou quatro possibilidades. Uma vez feita a opção, as consequências são imediatas e somos exigidos em função dela. A participação na sociedade passa a ser realizada sob uma única perspectiva: ser operário, engenheiro, comerciário, professor não definem apenas profissões, mas também formas de apreensão do mundo e da sociedade – como também formas definidas de participação. A sociedade se desintegra, da mesma maneira que o homem, pois ela aparece dotada de uma única face, nunca uma totalidade. O homem jamais dela participa como uma totalidade, nem a frui como totalidade. Nossas regiões de vivência acabam por ser predeterminadas.

Uma das consequências da fragmentação a que o homem é submetido é que ela é manejada como instrumento de domínio e violência, impondo a ausência de qualquer sentimento de solidariedade, que não seja o existente em grupos relativamente pequenos.

Se falo em solidariedade, em sentimento de solidariedade, não pretendo que a constatação dessa ausência de solidariedade seja confundida com a nostálgica vontade de retorno a um estado idílico de congraçamento geral da humanidade (se é que esse estado já tenha existido alguma vez), nem com a afirmação que busca fundamentar as relações sociais no pressuposto de que elas devem alicerçar-se em coisa tão fluida como o sentimento de amor pelo próximo. Não, não é isso. O que procuro mostrar é que, em nossa sociedade, o relacionamento entre os homens é de tal maneira mediatizado por fatores que independem de nossa vontade individual que o bem e o mal não se relacionam com o homem, mas com a engrenagem societária. Esta é que os engendra e define-os segundo sua própria lógica.

A institucionalização da miséria, do sofrimento, da dor, da indiferença pelos outros, da ignorância, do não saber sobre si e sobre sua sociedade, não ocorre porque o homem é mau – uma ave de rapina, nas palavras de Oswald Spengler – mas pelo simples fato de que uma sociedade estruturada para permitir que a competição, o sucesso pessoal individualizado, sejam os parâmetros de aferição do que o homem é, não pode, evidentemente, preparar o homem para ver no seu semelhante outra coisa que não um concorrente ou uma presa a ser devorada.

Toda violência é institucionalizada quando admito explícita ou implicitamente, que uma relação de força é uma relação natural – como se na natureza as relações fossem de imposição e não de equilíbrio.

A sociedade humana, de outra parte, não é simplesmente uma criação natural; entre a natureza e a sociedade houve um salto, uma passagem que o animal homem foi o único a transpor; ele é algo mais que, transcendendo o natural, produz condições de vida que afeta a si mesmo e a própria natureza. Com isso, ele pode encaminhar-se por direções diferentes daquelas que seriam fixadas pela natureza, se o homem fosse apenas um ser natural – como o leão ou a abelha. Somos diferentes e pagamos um preço por isso, mas também é graças a essa diferença que me permito gozar a natureza, me comover com o belo, produzi-lo, e sonhar com sociedades diferentes daquelas em que existo, sociedades mais justas e mais igualitárias.

Se sinto e penso minha diferença em relação aos outros seres naturais, minha responsabilidade se torna imensa, pois é ela que pode permitir tudo, para o melhor e para o pior.

Pode parecer excessiva minha insistência em desmistificar a natureza como fundamento da violência institucionalizada; contudo, ela se explica porque toda argumentação que se faz em nome de fatores naturais parece gozar de um estranho privilégio, é imposta com relativa facilidade e sem necessidade de grandes malabarismos de reflexão. É aceita como se estivesse inscrita na ordem das coisas, cabendo ao homem apenas sofrê-la por ser apenas mais um dos elementos da natureza.

Contudo, a violência não se institucionaliza apenas por esse lado. Existem formas mais dinâmicas, por serem transformáveis, de institucionalizá-la.

O homem vive em sociedade, isto quer dizer que ele tem necessidade de organizar sua vida em relação ao outro e como coletividade. Ele tem de definir, de forma mais ou menos clara, limites de sua ação. Nesse sentido, viver em sociedade significa criar normas de comportamento, que não só determinam esferas específicas de ação para os homens, mas também criam discriminações. Elas estabelecem o que é permitido e o que é proibido. Se tomo o conjunto de leis de um país, em seu desenvolvimento histórico, percebo que, a cada um dos momentos históricos, esse conjunto de leis é a forma explícita da institucionalização da violência – não fora assim, não haveria evolução das normas jurídicas de um país. As leis consagram os limites de violência permitidos a cada sociedade.

A lei dificilmente é uma prospecção no futuro – sua função, ao contrário, parece ser a de conservação, de sedimentação, dos limites mínimos toleráveis por uma determinada estrutura de sociedade. Quando se elabora uma lei do salário mínimo em lugar de uma lei que acabe com a miséria e com a fome, não quer dizer que com esse procedimento se desconheça a diferença entre uma e outra. O que a lei faz é se ater a limites que lhe são prefixados, além dos quais seria inócua. A lei não é uma força que tenha a capacidade de se autoimpor.

Ela se amolda a uma realidade e busca sua consolidação e mesmo sua justificação. Ela tem a função de normalizar o que não é normal. Ela institucionaliza, estabelecendo limites, situações que deveriam ser abolidas.

IV
VIOLÊNCIA SOCIAL

Para evitar ambiguidades, devo dizer desde logo que toda violência é social. Contudo, gostaria de reservar esse nome para certos atos violentos que: ou atingem, seletiva e preferencialmente, certos segmentos da população – os mais desprotegidos, evidentemente –, ou, se possuem um alcance mais geral, são apresentados e justificados como condições necessárias para o futuro da sociedade.

Deve-se levar em consideração, também, o fato de que sociedades diferentes secretam violências diferentes, o que lhes dá uma especificidade que prefiro denominar social, por ser este atributo mais próximo da realidade estrutural da sociedade. Um exemplo, talvez, esclareça melhor o que quero dizer. Se considero a violência existente no trânsito de São

Paulo, prefiro designar essa violência de social do que de violência no trânsito, pois aquela designação abrange um número muito maior de fatores estruturais que concorrem para a existência desse tipo de violência do que, simplesmente, a presença de veículos motorizados.

Um outro aspecto não negligenciável da violência social é que a consciência de sua existência não implica, nem significa tentar, eliminar suas causas. E isso por uma razão muito simples: geralmente, ela é um fato estrutural.

Tomo, como exemplo, a poluição ambiental. É uma violência social e atinge, praticamente, toda a população. Todos nós temos consciência de suas consequências terríveis para o homem e para a natureza. No entanto, somos obrigados a suportá-la porque – na lógica do sistema capitalista de produção –, impedi-la seria antieconômico, especialmente, para os países subdesenvolvidos. Dentro dessa lógica, instalar fábricas, indústrias, insuficientemente aparelhadas para evitar a poluição, por serem menos dispendiosas – necessitam de investimentos menores –, é uma imposição, da mesma maneira que o é a utilização indiscriminada de inseticidas, pesticidas, adubos químicos, para maior rendimento, temporário, de nossas lavouras.

O problema do menor abandonado e da delinquência nos situa num outro extremo da questão. Estamos convencidos de que esse é um problema grave de nossa sociedade e, quero crer, que estamos conscientes de que nossa sociedade – tal como ela é hoje – teria condições e meios de tentar, senão resolver, pelo menos, encaminhar uma solução a curto e médio prazo. Mas o que vemos é quase que um absoluto desprezo de nossos governantes pelo problema. Para eles, prioritários são outros problemas da sociedade – quase sempre os relacionados com o desenvolvimento econômico – e se limitam a tomar medidas paliativas e inócuas tipo Febem ou a proliferação de estabelecimentos carcerários.

Que não são solução para o problema, todos sabem. Que a solução passaria, entre outros caminhos, por uma melhor distribuição de renda, por investimentos maciços na educação, em tempo integral, em ter imaginação, honestidade e critério, na alocação de recursos, também, sabemos. Porém, isso significaria desviar verbas e recursos do que é considerado prioritário – desenvolvimento econômico, a qualquer preço, à custa de gerações de brasileiros.

Não posso esquecer que essa marginalidade atinge segmentos da população cuja capacidade de ação reivindicatória é nula, o que facilita em muito esse desdém governamental. Soa mais alto aos ouvidos de nossos governantes o ciciar resmunguento de um industrial do que o clamor da miséria.

Num país cujos dirigentes estufam o peito para proclamar, aos quatro ventos, que já somos uma das dez maiores economias do mundo – a oitava, para ser mais preciso – não se pode compreender como estamos tão mal colocados no que tange aos serviços prestados à comunidade. Afinal, se só estamos atrás dos EUA, da Alemanha Ocidental, do Japão, da França, da Inglaterra, do Canadá, e da Itália, em termos econômicos, seria justo que deles nos aproximássemos quanto aos serviços que o Estado deve prestar ao povo.

Não preciso consultar nenhuma tabela estatística para saber que, nesses países, a mortalidade infantil não atinge a cifra de 100 mortes por 1.000 nascimentos – como é o nosso caso. Mas também aqui é necessário um esclarecimento – esse índice não atinge os bairros nobres de São Paulo, do Rio, de Belo Horizonte, nem de Recife ou Salvador, nem mesmo de Teresina. É nas favelas, no sertão, nos pardieiros, nas malocas, nas palafitas, que ele aparece; com um detalhe: aí ele se multiplica, de acordo com a miséria de cada um. Como, porém, esses homens e essas mulheres nada têm a fazer senão botar filhos no mundo, podem esperar que o "bolo cresça para que possa ser dividido".

Essa frase lapidar do ministro Delfim Neto expressa sem equívoco e com a máxima clareza o que é violência social. Ela está perfeitamente sincronizada com uma sociedade que está mais preocupada em produzir e vender rádios e televisões do que com o alimento nosso de cada dia.

Olho a televisão e vejo uma cena comum e banal, é secular: uma família de retirantes. São os mesmos traços duros, os rostos vincados de rugas, os olhos semicerrados, os dedos retorcidos e esturricados, os moços são velhos, os velhos, sobreviventes, as mulheres têm idade indefinida, as crianças, barrigas intumescidas. E eu digo: já conheço essa cena, ela se passou ontem e anteontem, ela estava no Brasil colônia, permaneceu no Império e se perpetua nos dias de hoje. Euclides da Cunha já a descreveu, Graciliano Ramos a sofreu, imortalizando-a, em *Vidas Secas*. São homens eternos – a eternidade faz-se presente e, se olhos tenho, se embaçam. Se me revolto, que importância tem isso, se somos a oitava economia do mundo e se a indústria da seca é próspera e tão eterna como suas vítimas?

O sofrimento tempera o homem, faz dele um forte e um resoluto, para que perder tempo e dinheiro em tentar minorar seu sofrimento? Façamos Itaipu – a maior do mundo –, destruamos com ela terras férteis e úteis, a paisagem natural, desloquemos mais homens e mulheres e crianças, porque assim o sofrimento será sempre a têmpera do bom aço.

Somos 120 milhões de habitantes, num país de 8.500.000 km^2, nossas matas são mais verdes, "os sabiás que aqui gorjeiam não gorjeiam como lá", e a terra "tem se plantando tudo dá", só que o Miguel Couto já dizia, no começo do século, que somos um vasto hospital. Teríamos mudado? Nem tanto. Façamos a conta: 10% da população brasileira sofrem de distúrbios mentais, 10% estão contaminadas com esquistossomose, entre 5 e 10% sofrem da doença de Chagas, temos cerca de 1.000.000 de leprosos, mais ou menos 450.000 cegos, as grandes endemias brasileiras (malária, febre amarela, doença de Chagas, esquistossomose) atingem 50% da população.

É melhor não continuar com a estatística, pois a continuar sobrará pouca gente com saúde. E se esse milagre acontece, deve-se ao fato de que tais desgraças são cumulativas, isto é, muitos brasileiros carregam em si mais de uma desgraça.

O retrato social do Brasil, infelizmente, não para aí. Entre 25 e 30% da população adulta brasileira são analfabetos; sete milhões de crianças, em idade escolar, deixam de ser atendidas, de cada 1.000 alunos matriculados na 1ª série do curso primário apenas 73 completam o curso. Para se ter uma ideia do que significa essa evasão escolar, basta lembrar que, nos Estados Unidos, de cada 1.000 matriculados, 820 completam o curso. O problema da educação brasileira não está apenas no fato de ela não atender uma parte significativa da população – o mais grave é que os que por ela são atendidos são mal atendidos. O que é o nosso 1º e 2º graus? Uma educação precária, dada em condições precárias. A realidade educacional brasileira nos revela professores mal pagos – em certos estados estão próximos ao nível da indigência –, prédios, quando existem, mal planejados e mal construídos, um número insuficiente de horas-aulas, inexistência de lazer, nenhuma preocupação pela educação como fator relevante na formação do homem.

Se as condições do ensino, nas grandes cidades, são precárias, no interior do Brasil, chegam a ser dramáticas. Se não é aí apenas uma formalidade, não está longe disso. A começar

...só que o Miguel Couto já dizia, no começo do século, que somos um vasto hospital.

pelos pobres professores improvisados que, parece, já se sentem gratificados por um título que não possuem, com salários miseráveis, trabalhando com classes heterogêneas, sem material didático e muitas vezes, incapazes de dele se servirem. E, o pior de tudo isso, trabalhando com uma população escolar faminta, que busca a escola mais para comer do que aprender.

Mas o que revela mais agudamente, no campo educacional, as distorções e violências desta sociedade é o programa de merenda escolar. É duro dizer-se que esse programa é utilizado demagogicamente, para servir de paliativo e de engodo, visando camuflar insuficiências e distorções cuja solução não está na área educacional. Uma sociedade e um Estado que permitem uma política de salários baixos, que pouco dão em termos de salários indiretos, que, ao menor sinal de crise, lançam sobre os salários a culpa da inflação, não têm o direito de se vangloriar de um programa de merenda escolar, cujo único objetivo é retribuir com uma migalha o que muito extorquem, através da política salarial, da injusta distribuição de renda, do fiscalismo desenfreado, que transforma a todos em meros contribuintes e não cidadãos.

Mas a demagogia da merenda escolar não está aí apenas. Não se sente fome apenas aos sete anos – na idade oficial escolar. Sentimos fomes desde que somos concebidos. Aos sete anos, os malefícios de uma alimentação insuficiente; de um pré-natal inexistente, estão consolidados. Não se reverte um processo de imbecilização, por insuficiências proteicas, aos sete anos de idade. O programa de merenda escolar mata, momentaneamente, a fome, mas não elimina os malefícios que ela causou.

Num ponto, porém, a oitava economia do mundo se iguala às outras sete, no número de desempregados. É verdade que nestas o número de desempregados é conhecido; na oitava economia, esse índice é um segredo de Estado, e os institutos oficiais de estatísticas, tipo IBGE, utilizam os mais estranhos e esdrúxulos critérios para evitar a verdade. Se um operário está desempregado há seis meses, mas vende fósforos na feira, deixa de ser um desempregado. Não importa que seja mecânico, ferramenteiro, faxineiro, ou que quer que seja, agora ele é um vendedor de fósforos, e estamos conversados.

Ao contrário do que acontece nas outras sete maiores economias do mundo, no Brasil o desempregado é um candidato potencial à marginalidade criminal. Uma vez desempregado, o trabalhador brasileiro é lançado à sua própria sorte. Impossibilitado de fazer poupança, quando empregado, devido ao baixo salário, sem a segurança que lhe adviria se existisse o salário-desemprego, o trabalhador, em poucos meses, uma vez consumido o fundo de garantia, ingressa no mundo nebuloso do biscateiro e sua marginalidade é um apoio à criminalidade.

Cada um desses fatos é uma violência social que denigre e avilta a pessoa humana; cada um deles parece negar a própria razão do homem viver em sociedade; cada um deles desrespeita o ser humano, por lhe negar essa condição.

Releio o capítulo e creio ser inútil continuar a inventariar violências sociais de uma sociedade que delas é pródiga. Elas se disseminam por todas as partes, elas se oferecem quando abro um jornal, quando assisto à televisão. Elas estão na discriminação racial, nas diferenças entre as classes sociais, na fragmentação do trabalhador, nos preconceitos políticos, na separação dos sexos, e assim por diante.

Elas estão presentes quando olho a televisão e vejo, nos confins do Piauí, crianças brincando com barbeiros – tão vizinhas da morte – e me acode à mente um último pensamento: A sociedade não foi criada para isso.

VIOLÊNCIA POLÍTICA

Os jornais diários estão abarrotados de notícias sobre violências políticas que ocorrem no mundo inteiro. Nenhum país, nenhum povo, está livre dessa violência.

É preciso, contudo, desde logo, dizer que por violência política não se deve compreender tão somente a ação terrorista, de direita ou de esquerda, cujas atividades são abundantemente divulgadas, ou cuidadosamente escamoteadas. A violência política assume formas as mais diversas: pode ser um assassinato político, a invasão de um país por um outro, o desaparecimento de dissidentes, legislação eleitoral que frauda a opinião pública, leis que não permitem às classes sociais, especialmente o operariado, organizar seus sindicatos. Cada uma dessas formas de violência política pode ser exemplificada por casos concretos, desde que olho em torno de mim e observo tanto meu país como o resto do mundo. Alguns países têm o triste privilégio de servirem como exemplo de todas as formas imagináveis de violência.

A violência política do terrorismo é uma prática que existiu sempre. Quando Brutus assassinou César estava cometendo um ato de terror e um assassinato político. A história registra como esse tantos outros, e infindáveis, casos de violência e de assassinatos políticos que, se não mudaram o rumo da história, deram-lhe, contudo, novas cores.

Durante muitos séculos, porém, o assassinato político foi como que um instrumento reservado a uma pequena minoria – representada por famílias que viviam do e para o poder político. Nessa pequena minoria, seus membros não mantinham entre si apenas relações de ordem política; ela era constituída, na maioria das vezes, de homens e mulheres que provinham dos mesmos ramos familiares. Eram os laços de sangue que definiam e permitiam pertencer aos pequenos clãs, que se perpetuavam no poder político.

Nesse círculo estreito e restrito, o assassinato político aparecia como um instrumento altamente eficiente para criar ou terminar dinastias, definir novas linhas de sucessão, ou, então, para assegurá-las. Os crimes políticos que exterminavam famílias inteiras, ou pelo menos, alguns ramos dela, justificavam-se porque matar o pai e deixar os filhos era sempre perigoso, pois estes um dia poderiam reivindicar o que lhes havia sido usurpado.

O assassinato político como forma de criar dinastias e sucessões perpassa por toda a antiguidade, pela Idade Média e pela história moderna. O povo permanecia alheio a esses crimes, o que se explica pela sua impossibilidade de participar ativamente da vida política. Sem uma consciência clara do que ocorria, a tudo assistia indiferentemente. Poucas vezes era o povo chamado a participar de uma vida política reservada a poucas famílias e, quando o era, funcionava mais como uma massa de manobra com escassa consciência do que ocorria.

O assassinato político, dessa maneira, pode ser considerado, nesses tempos, como um privilégio de nobres que se entredevoravam, visando a conquista ou a manutenção do poder. Parricídios, filicídios, fratricídios, eram uma constante na vida dinástica de monarquias e impérios, de ducados e principados.

É apenas no século XIX que começam a surgir os assassinatos políticos, fundamentados em razões que transcendem os círculos familiares e grupos restritos. Alicerçados em objetivos e ideais de caráter universal, os assassinatos políticos são cometidos em nome de uma transformação da sociedade.

É nesse momento que a violência política, concretizada através de atentados de todos os tipos, toma uma conotação revolucionária. Já não se mata pela posse simples do poder, ou para assegurar ou impedir que uma determinada linhagem permaneça no poder. A violência política passa a ser compreendida e utilizada como instrumento de luta e um meio eficaz de combater a injustiça social, possibilitando, ao mesmo tempo, a ascensão ao poder político de novas classes sociais.

O surgimento do terrorismo político, por intermédio de atentados e assassinatos de dirigentes políticos, expressa não somente uma ruptura nos quadros tradicionais políticos, mas também é um dos sinais mais evidentes de que o poder político não é mais considerado como um privilégio exclusivo de uma classe social. Ele é uma expressão da aspiração de outras classes sociais no que tange ao domínio do poder político. Novos ideais surgem que visam transformar a sociedade e eliminar o jugo que a grande maioria dos povos sofria há séculos.

O assassinato político, porém, é apenas uma faceta da violência política, a mais ostensiva, talvez, a mais visível. Ao transcender os estreitos limites dos quadros familiares e dos grupos restritos, ele expõe de maneira dramática o mundo repressivo que sustentava a absorção do poder político por algumas poucas pessoas. A consciência de que os homens são iguais, aqui, na terra, e de que é possível organizar-se uma sociedade em que as diferenças sociais sejam menos sensíveis são tanto o fruto como a causa do desvelamento da realidade social como violência institucionalizada. Isto significa que o assassinato político, o atentado, são uma resposta a opressões sofridas, durante séculos, e que provoca uma nova violência que é a organização da repressão.

É evidente que a repressão sempre existiu, porém, sua finalidade, antes de mais nada, visava manter o domínio do homem enquanto força de trabalho, não como um possível perigo à dominação política. A preservação do poder político, hoje, não se faz apenas pela persuasão ideológica, qualquer que seja sua natureza. A mística que envolveu, por tanto tempo, o poder, sobretudo a crença de que o poder real era um direito divino, não basta mais para que os homens caiam de joelhos, temerosos e reverentes. O processo de democratização do poder, que envolveu principalmente uma maior participação popular nos meios de se a ele aceder, trouxe consigo a necessidade de novas formas de repressão, tanto para fraudar aquela participação quanto para a apresentação do poder.

O exercício do poder sempre implicou numa violência política de cima para baixo e, ao mesmo tempo, a necessidade de se fundamentá-la através de textos legais que a revestem de arremedos de legalidade e legitimidade. Isso, evidentemente, não é novo, não foi criado hoje. A novidade, em nossos dias, está em que numa sociedade mais complexa e diversificada, onde uma grande maioria da população tem acesso a instrumentos que, antes eram privilégios de uma pequena minoria – como o saber ler e escrever, por exemplo – a repressão, ao nível ideológico, exige condições para existir que, antigamente, eram desnecessárias.

Uma norma, uma lei, não são atualmente a expressão da vontade de um soberano absoluto. Depois da Revolução Francesa e da Revolução Americana, tudo é feito em nome do povo e da nação, sendo necessário que elas sejam vestidas de roupagens que indicam sua proveniência presumível.

Se o povo é a origem das normas que deverão orientar seu próprio comportamento, a mágica está em passar como dele o que dele não é. Nesse processo, criam-se as ilusões e se as ilusões não são suficientes – nunca o são – criam-se, paralelamente, os instrumentos de intimidação, cuja finalidade maior é estabelecer o medo como condição de vida.

Nenhuma dessas armas é essencialmente nova, elas se adaptam às novas condições de vida e ao novo tipo de relações entre os homens. Se na Idade Média foi possível criar a ilusão de que as diferenças entre os homens eram tais que, numa guerra, era proibido aos homens da infantaria, miseráveis desmontados, recrutados à força entre a plebe, atacar e matar os cavaleiros, homens da nobreza, nossa época não se mostra menos rica em ilusões e subterfúgios.

Num mundo que é uma aldeia global, confiar apenas no uso da força e das armas para impor a hegemonia de uma classe social não é o suficiente. O uso da força e de armas é um processo de intimidação excessivamente ostensivo e contundente para que possa ser utilizado a longo prazo. Uma dominação baseada apenas nelas acaba por reverter o processo, incentivando e criando condições para que à força e às armas se oponham também a força e as armas.

O ideal de dominação é aquele que a configura como uma resposta aos desejos do dominado, fazendo-o crer que é a origem e o objetivo das medidas restritivas. Para que isso ocorra, é preciso que ele interiorize e tenha como suas ideias que lhe não pertencem.

Todo e qualquer Estado moderno possui em suas mãos um extenso e variado arsenal de meios que pode manipular a opinião pública com relativa facilidade.

Não devemos esquecer que essa manipulação não se inicia somente quando o indivíduo atinge a idade em que adquire seus direitos cívicos. Ela é bem anterior, a bem da verdade, pode dizer-se que ela se inicia desde o momento de seu nascimento e se intensifica à medida que o indivíduo começa a se servir dos serviços do Estado.

Não é por outra razão que o sistema educacional, nos governos claramente ditatoriais, é sempre um dos primeiros aparelhos do Estado a sofrerem injunções para se porem a serviço de sua ideologia. Seria equívoco, porém, pensar que só nos governos ditatoriais isso acontece; nestes o processo é apenas mais ostensivo, não porém mais deliberado.

Submeter o processo educativo a uma ideologia que tem como finalidade assegurar a hegemonia de uma classe social não pode ser considerado apanágio dos regimes fortes. O que nestes existe é uma intensificação dos métodos de persuasão, pois visam resultados em curto prazo e nesse sentido podem até ser considerados menos nefastos: a destruição de um acarreta necessariamente a destruição do outro.

Mais insidiosa, mais perigosa e permanente, é a ideologia de dominação que se consome lentamente, em doses pequenas e contínuas, e que tomam formas próximas do nosso cotidiano.

Se o ideal de paz e tranquilidade parece ser um dos mais arraigados no homem – em que pese o fato de que isso pareça ser desmentido pela história –, nada melhor para isso do que forjar uma história nacional na qual os conflitos não existem. E quando existem, são sempre resolvidos pelo bom senso, pelo equilíbrio, pela equidade, pelo *jeitinho*, onde a solução contempla igualmente os confrontantes.

Sem culpados e sem inocentes, sem dominados e sem dominadores, a história passa a ser compreendida na figura austera de um tribunal de justiça, no qual os excessos são condenados, os litigantes encontram a medida justa de seus desequilíbrios, a reparação das desigualdades.

A educação orientada nesse sentido, tendo como ideal um pacifismo que se confunde com submissão, faz adormecer no homem a vontade de transformações, incute-lhe a crença de que as injustiças de que padece, as diferenças de condições de vida que experimenta na carne, serão remediadas no curso da história, sem a sua participação efetiva.

Quando um autor como Oliveira Viana – um dos mais lúcidos escritores do pensamento conservador de direita – fala da necessidade da existência dos conflitos e das lutas de classes, é preciso compreender o que pretende com isso. Em seu raciocínio, os conflitos e lutas de classes se circunscrevem a um embate em que se afirmam os direitos e obrigações de cada uma das classes sociais, e estas são entendidas como entidades corporativas. Ele não pretende pôr em xeque a hegemonia de uma classe social, no interior de uma sociedade. O que ele busca, efetivamente, é criar instrumentos adequados para o controle e administração dos conflitos, sem pôr em risco a ordem social burguesa vigente.

Sua forma de abordar o problema não deixa de ser uma maneira mais elaborada desse tipo de leitura histórica que tenta camuflar o que existe de mais vivo na história, as transformações sociais, que não se realizam por acomodações de interesses, mas pela substituição de uma ordem de interesse por outra.

Evidentemente, a educação não é apenas manipulada no que concerne a uma interpretação puramente passiva da história.

Todo o processo educacional é orientado no sentido de se criar uma consciência social próxima da aversão do conflito e temerosa de transformações, que não tenham o Estado como força propulsora.

A educação sempre foi um instrumento privilegiado de dominação e isso é facilmente explicável por ser um processo longo, contínuo e que trabalha com um material altamente sensível, a criança e o jovem. Contudo, não deve ser tido como o único instrumento de dominação e nem o mais eficaz. Numa sociedade altamente diversificada e complexa como a do mundo contemporâneo, as possibilidades de manipulação do homem não se restringem à educação formal, administrada através do sistema escolar. Mesmo porque o processo educativo do povo não se limita ao sistema educacional formal, ele é mais abrangente e dele não se pode excluir os chamados meios de comunicação de massa.

Nos dias de hoje, a formação da mentalidade e da opinião públicas é largamente dependente desses veículos, que selecionam o que devo ver, ouvir e ler. Eles não apenas informam, mas, na grande maioria das vezes, interpretam o que transmitem, de maneira a bloquearem em mim a possibilidade de exercer meu próprio senso crítico para interpretar o fato divulgado.

A televisão, o rádio, o cinema, o jornal, são elementos do cotidiano. Sua presença constante, a intimidade que sugere, leva-nos a consumir suas verdades como se fossem nossas, despoja-nos do poder de crítica e habitua-nos à passividade.

Dentre esses meios de comunicação, ganha especial realce a televisão, que cria intimidades, isolando; a fascinação que exerce sobre a população, seu domínio sobre nossas vontades, parecem estar no fato mágico de diluir realidades e fantasias, amalgamando-as num consumismo puramente passivo, de imagens e ideias.

A televisão nossa de cada dia está cheia de violências políticas, que interiorizamos passivamente – também uma

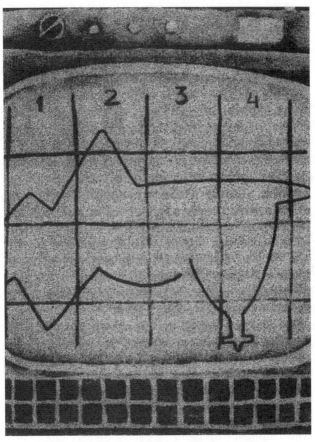

A participação de uma poderosa emissora de televisão indica com clareza quão perigosa é a televisão e o seu poder na manipulação do comportamento público.

violência –, como se o que nos mostra nenhuma relação tem conosco. Criando ilusões de novos estilos de vida, repletos de carros modernos, de barcos singrando mares verdes, com mulheres belas dourando seus corpos em sóis permanentemente primaveris, com a única condição que fumemos o cigarro X ou Y, ela não somente nos vende um produto de consumo – incidentalmente, que pode levar-nos à morte –, ela impõe valores de vida, transforma as fantasias douradas em razões de vida e nos diz que o fumo como qualquer outro tipo de droga – pode dar o que a realidade nega.

No fundo, no fundo, ela tenta nos imbecilizar, fazendo crer que o que põe a nossa frente é a verdade. Assim sendo, prepara o caminho para dizer outras verdades – não aquelas que se referem ao consumo de outros produtos, mas aquelas que dizem mais de perto à nossa condição de cidadão.

Afinal, quem, no dia a dia, vende a calça que uso, o cigarro que fumo, a pasta de dente que utilizo, o apartamento em que moro, que me aconselha como investir o dinheiro, acaba, naturalmente, por dizer-me, também, o que devo pensar, o que devo fazer, como devo agir em tais ou tais situações, numa palavra, determinando meu comportamento não apenas como consumidor, mas, sobretudo, como cidadão.

Devo observar que a técnica publicitária, utilizada na TV, é sempre impositiva e totalitária, seu ideal é a negação de opções de escolha. Vazia de pensamento, daí sua força, ela cria seu consumidor, continente adequado a seu conteúdo.

Por negar opções, a TV é sempre afirmativa de maneira absoluta: "Este é o melhor, o mais prático, o mais bonito...", sua tendência é tornar-se fascista.

Nas últimas eleições brasileiras, o que aconteceu no Rio de Janeiro, quando houve a tentativa de distorção dos resultados, na qual houve, ao que tudo indica, a participação de uma poderosa emissora de televisão, indica com clareza quão perigosa é a televisão e o seu poder na manipulação do comportamento público.

A violência política não se restringe aos campos da educação e dos veículos de comunicação de massa, ela se manifesta de mil maneiras. Aliás, as eleições brasileiras de 1982 foram um exemplo típico de violência política que se expressa através de uma legislação eleitoral cujo objetivo principal era o de fraudar a livre manifestação dos eleitores.

Num regime democrático, sem adjetivos, a preocupação maior, quando se estabelecem as condições do exercício democrático do voto, deve ser a simplificação dos procedimentos, a fim de que a vontade do eleitor seja conhecida da forma mais precisa e simples. O que se viu foi exatamente o contrário, uma série de medidas foram tomadas, visando basicamente dificultar, e mesmo impedir, a livre manifestação do eleitor.

Os artifícios do voto vinculado, da utilização de uma cédula eleitoral em total desacordo com o desenvolvimento histórico das práticas eleitorais do país, da proibição de coligações partidárias, da obrigação de cada partido apresentar candidatos de vereador a governador, não tiveram em nenhum momento o objetivo de aprimorar o processo eleitoral, nem tinham a preocupação de captar mais legitimamente a vontade popular. Os objetivos, evidentemente, eram outros, que podem ser sumariados ao dizer que pretendiam castrar a vontade popular.

Resta-nos o consolo de verificar que se se pretendia dar um título de incompetência ao povo brasileiro, este se mostrou à altura do desafio, mostrando, ainda uma vez, ser mais sábio do que os sábios de gabinete. Menosprezando a inteligência e a capacidade de adaptação do povo a novas situações, a imaginação criadora desses sábios androides foi novamente derrotada.

A violência política, repito, é um monstro de mil faces, cada uma delas mais hedionda do que a outra. Cabe a nós fazer com que elas emerjam à superfície; contudo, devemos ter sempre presente que elas brotam naturalmente, enquanto a política for entendida como a gestão da coisa pública, visando a dominação.

VIOLÊNCIA REVOLUCIONÁRIA

No capítulo anterior, procurei descrever a violência política, ressaltando que ela se apresenta sob a máscara de mil disfarces.

Ela não é apenas o atentado político, o terrorismo, a repressão desenfreada, o sistemático desaparecimento de dissidentes e oposicionistas. Ela toma formas mais sutis e desmascará-la é um trabalho árduo e longe está de ser fácil.

Gostaria de notar também que falar em violência política implica em falar na violência revolucionária.

A violência revolucionária é, também, inquestionavelmente, uma violência política; no entanto, ela goza de um prestígio tal que, muitas vezes, a palavra "revolucionário" é utilizada para justificar movimentos políticos que longe, muito longe, estão de ser revolucionários. A chamada revolução brasileira de 1964 é um exemplo típico. Como todo movimento político, que utiliza a violência como instrumento de sua ação, busca justificar seus atos de terror e de exceção pela invocação do seu caráter revolucionário. Torna-se essencial distinguir a violência política, pura e simples, da violência revolucionária.

Como fazê-lo, se não há uma fórmula acabada para isso? Proporei, simplesmente, algumas sugestões.

O primeiro passo é saber-se o que é uma revolução. Sem a pretensão de aprofundar o tema, que não se justificaria num livro como este, direi que por revolução entendo toda transformação que afeta de maneira essencial as estruturas sociais, econômicas, políticas e culturais, de uma sociedade. A revolução deve ser compreendida como um fenômeno global, sua ação e consequências devem repercutir sobre toda a sociedade.

Situando-me na perspectiva do historiador – e não do homem político – direi que caracterizar um movimento social, que altera as relações globais de uma sociedade, como revolucionário é sempre uma questão de distância temporal. Ou seja, apenas retrospectivamente o historiador tem condições de avaliar – diga-se de passagem, que isso ocorre também com o povo que vive o processo de modificação – se houve ou não revolução. Não se trata aqui de descrever um sentimento revolucionário, que qualquer pessoa pode experimentar ao viver um processo de transformações, mas ter a certeza de que houve o fato histórico da revolução.

Esse cuidado de análise se justifica, porque toda a sociedade sofre modificações e alterações continuamente. A mobilidade da vida social é um de seus componentes, daí não ser difícil confundir-se modificações normais no interior de uma sociedade com modificações e transformações revolucionárias. É a história que nos revela a revolução e é através dela que podemos ver como revolucionários certos movimentos sociais ocorridos no passado. Estes não foram muitos e os mais próximos de nós foram, indubitavelmente, a Revolução Francesa de 1789, a chamada Revolução burguesa, e a Revolução Soviética de 1917, a Revolução socialista.

Esses dois movimentos sociais aparecem para o homem contemporâneo como exemplos clássicos de transformações profundas nas estruturas da sociedade humana, determinando o desaparecimento de certos valores, a entronização de outros, quebrando certos tipos de dominação, criando outros diferentes, alterando hegemonias, impondo novas formas de relações entre os homens.

É verdade que o termo revolução tem sido utilizado da forma mais extensa possível, pois tanto se fala de uma revolução industrial como de uma revolução agrícola, de uma revolução no campo das ideias como de uma revolução demográfica, e assim por diante. Estou inclinado a aceitar que certas transformações técnicas e tecnológicas alteram tão substancialmente o comportamento dos homens que podem ser efetivamente vistas como revolucionárias. Contudo, como a minha preocupação aqui não é falar sobre esse tipo de revolução, nem o de estabelecer uma tipologia das revoluções, mas sim tentar esclarecer os vínculos entre violência e revolução, deixo de considerar esses fenômenos, que merecem por si mesmos, estudos à parte.

Atendo-me, apenas, aos dois exemplos clássicos de revolução parece evidente que esta sempre implica em violência.

A explicação pode ser simples e direta: nenhuma classe social abre mão de seus privilégios, de seu poder, de sua possibilidade e arbítrio de conduzir as rédeas de uma sociedade, apenas obedecendo a um processo histórico de transferência de poderes normal e pacífico.

O que se deve notar, em acréscimo, é que a constatação de que a transferência de poderes se realiza historicamente pela intervenção da violência, cria para o homem revolucionário, ou que se pretende tal, as condições necessárias para sua ação. Em sua lógica, o revolucionário elimina, frequentemente, considerações outras que não sejam as ligadas à própria violência.

A dificuldade está no fato de que não existe uma correspondência imediata, sensível, evidente por si mesma, entre a ideia revolucionária, que está na cabeça do revolucionário, e sua ação e suas consequências no processo histórico de transformação da sociedade.

Tomo por exemplo a situação sociopolítica vivida pela Rússia Tzarista, no século XIX. Nessa sociedade, existiam revolucionários de todas as espécies e de todos os matizes. Nesse emaranhado de correntes ditas revolucionárias, o que as irmanava era o descontentamento com a sociedade e a violência de que eram partidários. Fosse esta individual ou coletiva, fosse exercida contra si mesmo ou contra os outros.

O romance *Os Demônios* de Dostoievski é uma situação limite da relação revolução-violência e de que como se pode manipular de maneira fútil a ideia grandiosa de revolução para acobertar ações provincianas de violência, que deixam de ser revolucionárias para serem apenas repulsivas. Porém, não se pode deixar de considerar o fato psicológico de que o niilista suicida ou que se transforma no instrumento cego de uma violência ainda mais cega, não é menos revolucionário – para ele próprio, é claro – do que o Robespierre do Terror da Revolução Francesa.

O que quero dizer e ressaltar é que entre a ideia revolucionária e o fato histórico da Revolução medeiam um tempo e um espaço que constituem a história.

A ação revolucionária, quando examinada no instante em que ocorre, padece, frequentemente, de uma ambiguidade que dificulta saber se se está à frente de uma ação violenta revolucionária, ou apenas de uma sua contrafacção. Nada, nada, me assegura que a ideia revolucionária que a inspira seja realmente revolucionária, falta-lhe a concretude que só a realização histórica é capaz de lhe conferir.

Ideias revolucionárias nunca faltaram no mundo, como também nunca faltaram ações que foram revolucionárias, mesmo quando abortadas. Revoluções que visavam a igualdade entre os homens, revoluções que combatiam as opressões, sempre foram e sempre serão compreendidas como ações que visam destruir vínculos de dependência insuportáveis para a consciência do homem.

Se a história nos revela um sem número de revoluções abortadas, muitas vezes esmagadas sob o peso de uma violência sem correspondência àquela de que se utilizaram, não se pode esquecer que, de outra parte, a história das ideias apresenta um grande número de ideias e concepções revolucionárias, cuja realidade não ultrapassou o âmbito estreito do imaginário.

A ideia de um Paraíso terrestre – não perdido, mas a ser conquistado – é sempre uma ideia acalentadora e estimulante.

A concepção platônica da República ideal é, no seu tempo, revolucionária. Seu destino e pretensão, transformar a sociedade humana num sistema equilibrado de relações, onde predominassem o justo e a igualdade.

Para os tempos de hoje, o ideal platônico pode parecer conservador, mesmo reacionário, por buscar estratificações sociais, que por si próprias definiriam funções, qualidades e educação do cidadão. A preocupação platônica é a de atingir e conservar a harmonia interna da sociedade – objetivo que não se pode questionar –, porém essa harmonia estava condicionada à criação de classes distintas de homens, cada uma das quais com funções específicas, não intercambiáveis. Isto significava que, na prática, as funções assinaladas para cada uma das classes sociais não poderiam ser exercidas em nenhum momento por membros de outra.

Aparentemente, a imagem marcante dessa sociedade seria a imobilidade, pois não haveria passagem de membros de uma classe para outra. O fenômeno de ascensão social pareceria um direito negado. Essa impressão, contudo, é falsa, pois Platão estabelece como condição básica dessa sociedade ideal a igualdade de oportunidades, independente da situação circunstancial do indivíduo, porém dependente de suas qualidades naturais. Como para Platão a família é dispensável, visto que ao Estado incumbe a educação das crianças, é no correr do processo educativo que se apurará a vocação dos indivíduos, o que determinará sua situação final no interior da sociedade. Assim, o filho de um guardião, ou de um artesão, ou de um filósofo-rei, não tem predeterminado, em função de seu nascimento, seu lugar na sociedade. Serão suas qualidades naturais, incentivadas e enriquecidas pela educação, que determinarão suas futuras funções.

Em Platão, não são as classes sociais que fazem o jogo da história e do poder, pelo que seriam possíveis ascensões e superações e mobilidade social em termos coletivos. Ele concebe a estrutura social como algo imutável, reservando para o indivíduo, para o homem individual, o privilégio da mobilidade. O aspecto revolucionário de que se reveste a concepção platônica está no fato de que sua República tem o igualitarismo como seu sustentáculo primeiro.

As concepções como essa de Platão deu-se o nome de utopias, e os utopistas, de Platão a Thomas More, são revolucionários, pelo menos idealmente. Em suas obras, o elemento mais relevante é o inconformismo frente à realidade social que consagra a injustiça social e onde a desigualdade de formas de vida, de oportunidades e de acesso aos bens que a sociedade pode oferecer, é o critério de exclusão.

O escritor utópico pode assim ser considerado um pensador que vê com olhos penetrantes a realidade que o circunda, que pretende corrigir as desigualdades, as injustiças, minorar os sofrimentos, por intermédio de uma organização da sociedade em que se faz apelo ao bom senso, à bondade, ao desprendimento, à inteligência do homem, confiando, ao mesmo tempo, em que as transformações que prenuncia podem ser alcançadas, através de indivíduos ou personalidades excepcionais.

Desiludido da realidade vivida, o escritor utópico parece buscar refúgio na construção imaginária de sociedades cujos mecanismos funcionam harmonicamente, onde o apelo à ação do homem individual, às suas qualidades morais, são o único suporte para as transformações. Ele mostra, a meu ver, uma incapacidade de compreender o processo de transformação da sociedade como um processo histórico, de maneira que é condenado a pensar no interior de um vazio histórico, no qual predominam tão apenas os contornos da sociedade imaginada.

Uma das grandes conquistas, e mesmo sabedoria, da burguesia como classe social é justamente o fato de se ter percebido sob a forma de agente histórico e se autoconsiderar a depositária do passado humano. A história ganha sentido, o passado, o presente e o futuro adquirem significado que os liga à existência da classe social; as sociedades do passado deixam de ser pensadas como ilhas perdidas no oceano do tempo, suas especificidades não impedem que se relacionem entre si e com o presente.

"Nada se perde na história" parece ser a palavra de ordem da burguesia e tecendo essa rede de relações, a burguesia se privilegia por se confundir com o próprio sentido da história.

Se a burguesia do século XVIII e começos do século XIX é uma classe social revolucionária, um dos elementos para sua caracterização é a consciência histórica que tem de seu papel fundamental no desenvolvimento da história. A insatisfação que demonstrava decorria tanto do fato de sofrer restrições e limitações que lhe impunha uma sociedade saturada de direitos, costumes e tradições feudais em favor da nobreza, como também se originava do fato de ser capaz de apropriar-se do sentido da história, reconhecendo sua importância no processo de transformação de uma sociedade arcaizada.

O burguês se vê como o centro determinante das transformações da sociedade, como um ator ativo e consciente da história. Então é possível, como o faz Michelet, interpretar a história relacionando-a com uma conquista progressiva da liberdade, mostrando que essa trajetória libertária se inicia em níveis inferiores no Oriente, terras do despotismo máximo e liberdade mínima, para atingir um máximo de liberdade e um mínimo de despotismo na sociedade ocidental burguesa.

É ainda a consciência histórica que permite assimilar revolução e violência e entender esta última como uma fase necessária de destruição de estruturas sociais, políticas, econômicas e culturais opressivas. Contudo, a constatação pura e simples de uma estreita relação entre revolução e violência não esgota o problema colocado por essa relação.

Uma das questões que devo levantar é a de saber qual o papel e o momento em que surge a violência no processo revolucionário. Deve ser ela entendida como uma prática revolucionária no interior de um processo revolucionário, cujo ponto de partida são as condições objetivas de uma sociedade, ou pode ser ela compreendida como um mecanismo deflagrador do processo revolucionário?

A resposta a esta questão é importante, porque ela vai determinar posturas políticas bem diferençadas frente ao fenômeno revolucionário. Se acredito que a insatisfação social pode ser intensificada de maneira a criar condições ainda não existentes para um processo revolucionário, a conclusão lógica é a de que devo lançar mão de instrumentos, mesmo violentos, para que isso ocorra. Isto quer dizer que se entendo, no caso da Revolução Francesa, que houve, a partir do século XVI até o século XVIII, uma lenta maturação e preparação da burguesia para assumir o poder, posso transferir essa experiência histórica para uma outra classe social, objetivando organizá-la com a mesma finalidade.

Embora a revolução burguesa não tenha sido a única revolução ocorrida no mundo até o século XVIII, o fato dela ter acontecido simultaneamente ao despertar da consciência histórica do homem, de uma classe social, imprime-lhe uma feição toda peculiar. Enquanto as revoluções e transformações sociais anteriores podem parecer como que frutos do acaso histórico – o que realmente não é verdade –, ela aparece tanto sob a forma de uma necessidade histórica quanto de uma ação consciente da classe, reforçando o que parece ser o sentido da história. Abrem-se em consequência perspectivas para que a vontade individual ou coletiva, esta última representada, dirigida e coordenada por organizações políticas, seja considerada capaz de acelerar o processo revolucionário de transformação da sociedade.

Esta postura frente ao processo de transformação de uma sociedade é algo novo na história política dos povos.

Não é de se estranhar, portanto, que os séculos XIX e XX vão assistir à proliferação de partidos, sociedades, entidades, que têm como finalidade principal a organização de uma classe social, a operária, para ascender o mais rapidamente possível ao poder. Evidentemente que esse processo de organização não é unilateral, no campo oposto a burguesia irá também organizar-se para permanecer no poder.

Essa maneira de analisar e interpretar o processo revolucionário de transformação da sociedade corre o sério risco de fragmentá-lo, isolando seus diversos componentes e privilegiando alguns deles, especialmente a chamada violência revolucionária. O resultado mais sensível desse tipo de análise histórica é instrumentalizar a violência, atribuindo-lhe o papel de agente desencadeador e acelerador do processo revolucionário de transformação social.

A dificuldade, contudo, desse tipo de raciocínio está na identificação do que é uma violência revolucionária, de se saber quando se está, efetivamente, na presença de um ato violento revolucionário. Este é um problema tão difícil de solução que, mesmo quando são analisadas as revoluções do passado, não existe unanimidade a respeito das consequências da violência.

Que a Revolução Francesa foi uma revolução, nenhuma dúvida; que foi violenta, também não, mas e quanto a Robespierre e o período de Terror? Foi uma violência inútil, ou necessária para o pleno desenvolvimento da revolução?

Se as análises históricas até hoje divergem quanto a isso, o que dizer então de uma ação que ocorre hoje, agora.

Quando as Brigadas Vermelhas decidiram matar Moro – e efetivamente o fizeram –, estavam certas de que esse ato violento era revolucionário. Mas, o era realmente? Contribuiu efetivamente para o aceleramento do processo de transformação da sociedade italiana? Qualquer resposta seria temerária, a dúvida sempre subsistirá e sou inclinado a dizer que só uma argumentação política imediatista é capaz de responder sem titubear, condenado ou aprovando.

A chamada violência revolucionária me parece como algo excessivamente fluido para que possa ser caracterizada objetivamente. O que sei é que ela pode expressar-se tanto pelo atentado político individualizado, pelo terrorismo contra grupos, por lutas armadas, greves, quanto por ações de grupos ou indivíduos que antes expressam suas frustrações e confusões ideológicas e mentais do que propriamente suas convicções políticas de transformação social. O romance de Dostoievski, já citado, é um exemplo concreto destes últimos e revela de maneira admirável até que ponto a conjugação de uma sociedade altamente repressiva e opressora – a tzarista do século XIX – e de uma assimilação doentia dos novos ideais de uma nova sociedade, pode conduzir a um arremedo grotesco de ações revolucionárias que a nada conduzem, senão ao descrédito e ao esvaziamento desses ideais.

Entre as violências revolucionárias, a greve ocupou durante muito tempo um lugar privilegiado. Sorel, especialmente, fez dela o instrumento central de destruição da ordem burguesa e do processo de ascensão do operariado em direção a uma nova sociedade. Seu livro *Reflexões sobre a violência* é, como ele próprio o diz, a mitificação da greve geral – o instrumento, por excelência, do proletariado, do sindicalista, para transformar suas condições de vida e para instaurar uma nova sociedade proletária. A greve geral é a violência proletária contra uma sociedade burguesa que o asfixia e submete. Ela é um dos passos essenciais de um processo revolucionário, no qual não estão ausentes o sangue e a destruição.

Não se deve confundir a greve geral com as greves que visam uma melhoria temporária das condições de vida do proletariado, ela é uma greve política com objetivos políticos – a transformação da sociedade. "A greve, diz ele, é um fenômeno de guerra; é, portanto, uma grande mentira dizer que a violência é um acidente destinado a desaparecer das greves".

A crença de que a greve geral política era um instrumento privilegiado da classe operária em sua luta para a transformação da sociedade burguesa não goza hoje das mesmas simpatias de que desfrutava, tanto no século XIX quanto no início deste século.

A violência revolucionária, especialmente depois da 2ª Guerra Mundial (1939-1945), ganha os contornos de uma

*A greve geral é a violência proletária contra
uma sociedade burguesa.*

guerra real, através do que se convencionou chamar de guerra de guerrilhas. A greve geral política, nesses casos, quando eclode e se eclode, aparece tão somente no final de um processo de luta armada, onde as greves parciais, que minam a resistência do regime a ser destruído, têm um papel secundário.

A guerra de guerrilhas, expressão da violência revolucionária de nossa época, apresenta um aspecto digno de nota que é o de se confundir inicialmente com uma guerra de libertação. Se excetuo Cuba, todas as transformações de regime político, social e econômico, ocorreram no interior de um processo de combate a forças estrangeiras de ocupação. Mesmo a Revolução Socialista de 1917 se dá durante a guerra de 1914-1918, com o território da futura União Soviética devastado e ocupado por forças alemãs. Durante a 2ª Guerra Mundial, o caso da Iugoslávia, na Europa Oriental, é típico, pois foi na guerra contra os nazistas que Tito, na organização da resistência, teve as condições objetivas para a subversão do regime burguês.

Na Ásia, a China, durante a ocupação japonesa, o Vietnã, em sua luta anticolonialista; na África, Moçambique e Angola, em sua batalha secular contra o colonialismo português, mostraram que, como no século XIX, as guerras de libertação representavam não somente a expulsão dos invasores e dos colonizadores, mas também a possibilidade de organizar o país em bases que tanto negavam as formas de organização do país invasor ou colonizador, a sociedade portuguesa, quanto buscavam integrar-se a formas mais progressistas de organização social – o socialismo marxista.

O processo não nos é desconhecido, pois, também, no século XIX, as guerras de libertação pela independência das colônias tinham um duplo objetivo: eliminar os liames de dependência em relação às metrópoles e construir novos países dentro das formas, então, revolucionárias, isto é, burguesas.

O caso de Cuba merece uma reflexão à parte. A violência revolucionária aí foi exercida diretamente contra um governo nacional. O fato desse governo ser, de um lado, tão opressor e tão autoritário, tão sanguinário, quanto qualquer invasor ou colonizador estrangeiros e, de outro, poder ser considerado um governo títere do imperialismo americano, não elimina, a meu ver, o caráter inovador da revolução cubana. O sucesso ruidoso da luta de Fidel contra Batista não foi sem consequências para a teoria revolucionária. Pelo menos três consequências importantes daí advieram: 1. a guerra de guerrilhas poderia ser utilizada contra um governo nacional opressor; 2. Sedimenta-se a convicção de que a guerra de guerrilhas é a expressão da violência revolucionária, em nossa época; 3. ela pode também ser considerada como elemento essencial para a deflagração de um processo revolucionário de transformação social.

A última dessas consequências desenvolveu-se sob a forma de uma teoria que se denominou de foquismo, ou foquista.

Basicamente, essa teoria enfatizava no processo revolucionário de transformações o papel desempenhado por uma vanguarda armada, cuja ação limitada, inicialmente, espacialmente, deveria progressivamente ampliar seu espaço de ação até a eclosão da revolução final e total, o que significava, evidentemente, a participação integral do povo.

A teoria foquista não é, contudo, uma teoria apenas da luta armada, ela pressupõe também um trabalho lento e extenuante de conscientização, de agudização das contradições e de uma rede de relações campo-cidade, fundamental para a manutenção do grupo guerrilheiro.

O foquismo, tanto o urbano quanto o do campo, gozou, nos anos 1960 e 1970, grande prestígio que só se abalou quando da morte de Guevara, na Bolívia. O malogro da tentativa de Guevara, reforçado e enfatizado pelos fracassos das guerrilhas campesinas no Brasil e as guerrilhas urbanas, ainda no Brasil, mas especialmente no Uruguai (tupamaros) e na Argentina, parece ter mostrado que a análise feita sobre a revolução cubana fora parcial. Não se levara na devida conta que o fator surpresa e a própria indefinição ideológica do grupo guerrilheiro, liderado por Fidel Castro, enquanto estava nas montanhas de Sierra Maestra, haviam contribuído para sua vitória.

As simpatias de que desfrutara no mundo burguês e capitalista, durante sua luta, não mais se repetiriam. Os movimentos guerrilheiros que o sucederam encontraram, em seus países, uma situação nova e radicalmente diferente. As simpatias já não existiam e o fato de ter havido Cuba modificara, sob a égide do Pentágono americano, a maneira de treinamento dos exércitos. Estes estavam mais bem aparelhados tanto materialmente quanto em treinamento específico para a luta em selvas e montanhas.

O exemplo de Cuba, e a experiência adquirida no Vietnã em táticas antiguerrilheiras, serviram para que os Estados Unidos cobrissem seus flancos desguarnecidos, na América Latina e em outros continentes, mediante treinamento intensivo e qualitativamente superior dos exércitos nacionais, assessorados por especialistas americanos e armas altamente sofisticadas e específicas para esse tipo de guerra. O fator surpresa desapareceu e em seu lugar apareceu a desconfiança generalizada e uma intensificação da guerra psicológica, que criou o clima necessário ao florescimento das ditaduras militares em todo o mundo dominado pelo capitalismo.

O malogro das vanguardas revolucionárias, cuja importância parecia determinada por análises excessivamente parciais, nas quais se esquecia de pensar a sociedade como um todo, repõe o problema de se repensar o processo revolucionário.

Pode ser este deflagrado por intermédio da vontade de alguns indivíduos ou organizações ditas revolucionárias? Ou é ele a consequência histórica de uma deterioração de estruturas socioeconômicas e políticas, incapazes de responder às necessidades e pressões da sociedade?

Respostas definitivas são impossíveis e quando a história e os historiadores derem uma ou mais, elas serão retrospectivas e valerão para os casos estudados do passado, e não para o presente que estarão vivendo. Contudo, nenhum historiador que viva o seu presente, conformar-se-á com essa sabedoria passiva, e eu com ele. Por isso, arrisco-me a dizer que os exemplos que temos hoje na América Latina, especialmente a Nicarágua e El Salvador, parecem indicar que o vanguardismo revolucionário só o é, na verdade, quando nasce com a força de um processo social total, que apanha toda a sociedade, o que, evidentemente, lhe tira o caráter de vanguarda para se transformar num dos muitos aspectos que deve tomar a luta revolucionária.

Esta é uma conclusão? Espero que não. É apenas uma resposta entre tantas outras possíveis, mas que devem ser expressas para que sejamos cada vez mais conscientes do papel que a história nos assinala. Embora sob o perigo de repetir-me excessivamente, quero reafirmar que toda e qualquer resposta é controversa, mas que sou inclinado a dizer que se é certo que a violência revolucionária existe, ela me parece antes de mais nada o elemento final de um processo revolucionário, não sua fonte e origem.

VII
PALAVRAS FINAIS

Estas considerações que encerram o livro não são feitas à guisa de conclusão. Espero ter deixado claro que não desejei em nenhum momento chegar a conclusões ou a uma palavra final sobre a violência. Nem pretendi chegar ao estabelecimento de uma tipologia da violência. Creio que uma tipologia da violência seria tão rica e tão diferente quanto as experiências que cada um de nós dela temos. Aliás, seria um exercício interessante para o leitor tomar um jornal diário e tentar identificar e designar cada uma das violências nele registradas.

Acredito, porém, que ainda resta alguma coisa a dizer, afinal o título dos livros desta coleção é uma pergunta que pede uma resposta. Que é violência? Tentar defini-la é correr o risco de aprisioná-la num esquema formal estreito, que poderia ter um efeito contrário ao que me propus.

A violência, já o disse, não é evidente por si mesma em todas as suas manifestações, algumas das quais tão sutis e tão bem manejadas que podem passar por condições normais e naturais do viver humano. Não acredito que a violência seja um ato natural, ou que faça parte da vida do homem como o ar que respira. Como esta afirmação é feita por alguém que acredita que o homem se faz na história, ela parece uma afirmação contraditória e paradoxal, pois a história é plena de violência. A conclusão lógica seria dizer que o homem é um ser violento. Houve e há filósofos e historiadores que defendem essa posição e que acreditam que o homem não é senão uma ave de rapina. A falha nesse raciocínio parece-me estar em não se pensar mais radicalmente a afirmação de que o homem é um ser essencialmente histórico, o que equivale dizer é essencialmente mutável. Aprisionar o homem em formas históricas presentes ou passadas, que configuram experiências diferentes entre si, seria aprisionar o mutável no imutável, valorizando este em detrimento daquele. O homem, na história, tem sido o que a sua sociedade é. Se ela é injusta, ele também o é; se ela é violenta, ele não faz por menos. Mas é a consciência que o homem tem de que é, em última análise, o produto de sua sociedade, que o tem levado a lutar contra as injustiças, as violências, as discriminações, os privilégios, pois só assim ele poderá chegar um dia a uma sociedade em que a violência – se não abolida integralmente – pelo menos não flua tão abundantemente de estruturas societárias que a tem como uma condição de sobrevivência.

A título de sugestão para que possamos, eu e o leitor, refletir e identificar a violência, gostaria de propor como uma pequenina chama para iluminar o tema da violência, considerá-la sob a forma de privação. Com efeito, privar significa tirar, destituir, despojar, desapossar alguém de alguma coisa. Todo ato de violência é exatamente isso. Ele nos despoja de alguma coisa, de nossa vida, de nossos direitos como pessoas e como cidadãos. A violência nos impede não apenas ser o que gostaríamos de ser, mas fundamentalmente de nos realizar como homens.

A ideia de privação parece-me, portanto, permitir descobrir a violência onde ela estiver, por mais camuflada que esteja sob montanhas de preconceitos, de costumes ou tradições, de leis e legalismos.

Toda a vez que o sentimento que experimento é o da privação, o de que determinadas coisas me estão sendo negadas, sem razões sólidas e fundamentadas, posso estar seguro de que uma violência está sendo cometida. Entender a violência como privação me auxilia também a dar o primeiro passo no sentido de lutar para que os buracos que sinto dentro de mim, por me sentir menos gente do que os outros que possuem o de que me privam, sejam superados e forrados.

Se a violência é uma certa forma de privação, como então entender a violência revolucionária? É ela também uma privação?

Como conciliar, pois, a ideia de revolução com a ideia de privação? Não são elas excludentes entre si? Elas realmente são excludentes e é em função disso mesmo que posso relacioná-las, sem a necessidade de conciliá-las.

O raciocínio corre da seguinte maneira: toda revolução visa essencialmente destruir um estado de privilégios, de opressão, que inibe direitos da maioria. Revolução não significa apenas abolir os direitos de alguns homens, sua vocação maior é ampliar o campo dos direitos e das possibilidades de realização dos homens. Eu diria que a revolução é antes de mais nada restringir o campo das privações. O que ela deseja é permitir que um maior número de homens e mulheres tenha acesso ao que sua sociedade, num determinado nível de desenvolvimento histórico, social, político, econômico e cultural, pode proporcionar. Quando uma sociedade oferece ao homem aquém do que ela própria é capaz, é uma sociedade violenta e injusta. A violência que se pratica para diminuir e impedir as privações do homem, que objetiva destruir os obstáculos que separam o homem da criação e do usofruto dos bens de sua sociedade – é uma violência revolucionária.

Uma última observação. Alguns pensadores julgam que a melhor defesa contra a violência é aprender a conviver com ela. Essa posição tem como consequência uma outra que está muito bem explícita nos livros, nos filmes, que indagam sobre o futuro da sociedade humana.

Em quase todas essas projeções futuristas o que se vê são exercícios mais ou menos imaginosos a respeito dos estilos de violência, a que o homem estará sujeito. De uma maneira geral, esses exercícios são dominados pela ideia de Estados fortes e tirânicos, que fazem da força e do arbítrio os alicerces da sobrevivência humana. Num outro extremo, tem-se sociedades semianárquicas em que a sobrevivência de cada um está na intensidade de violência que é capaz de produzir, sozinho e em grupo. Na melhor das hipóteses, a violência adquire, numa sociedade de excessiva riqueza e enfado, uma função de lazer, através de jogos e disputas. Gostaria de chamar a atenção para o fato de que tais projeções não falam apenas das sociedades futuras, elas são basicamente um retrato da nossa. Mostram até que ponto estamos envolvidos pela violência e que esse comprometimento nos leva a transformá-la num dos fatores do estilo de vida humana. Se assim for, conviver com a violência será a maneira, o preço que o homem deve pagar, para continuar a viver. Paradoxal consequência, mas que parece estar dentro da lógica de um certo tipo de arrumação das coisas.

Quero pensar diferente e apoiar esse pensamento num fato que, me parece, individualiza nossa época em relação às demais, no que tange à violência.

A história do homem foi sempre violenta; contudo, se analiso com cuidado e atenção a violência de hoje, posso distinguir nela um traço que não me parece estar presente no passado.

A violência, no passado, foi exercida quase sempre de cima para baixo; eram as classes dominantes que a exerciam como uma espécie de privilégio, e seu objetivo – como também hoje – era o de preservar direitos e regalias e impor obrigações.

A violência de baixo para cima era rara, não que não existisse, mas sua frequência foi sempre episódica.

As classes dominantes souberam criar tanto um aparato repressivo quanto ideológico que as preservaram durante muito tempo de uma violência indiscriminada e genérica.

No correr da história, vejo que lentamente esses aparatos – mesmo que se sofistiquem e se aperfeiçoem –, vão se derruindo e se tornando cada vez mais ostensivos e visíveis. Uma vez iluminados e compreendidos como tais, os instrumentos e mecanismos de opressão e dominação deixam de se sustentar como elementos indesejáveis, porém, inelutáveis da convivência humana. Visíveis, revelam sua verdadeira face e finalidades.

As diferenças entre os homens são vistas pelo que realmente são – desejar e lutar por uma vida melhor é uma consequência lógica desse novo estágio da percepção humana.

Não há, contudo, uma correspondência imediata entre a nova consciência do homem e as condições da sociedade para responder a ela. A sociedade capitalista está muito mais perto de estimular a consciência do homem em busca de uma sociedade melhor do que de responder positivamente a ela. Esse descompasso será sua ruína e a causa imediata da violência generalizada.

É curioso observar-se que a sociedade capitalista que coloca tantos entraves e mediações nas relações diretas entre os homens, produz uma violência que restitui esse contato direto e imediato. Na violência, o homem encontra o outro homem, diretamente. É como se regredíssemos a um estado natural de violência, com uma diferença básica e essencial: entre aquele estado de violência e o de hoje, o homem percorreu um longo espaço histórico, durante o qual foi vivendo e abandonando tabus, crenças, normas e leis que permitiam e justificavam as diferenças entre os homens.

A violência, hoje, é meio de ataque, mas também de defesa. Ela exprime um inconformismo radical em relação às imperfeições da sociedade.

A violência mais cega, aparentemente a mais gratuita – a violência contra a pessoa – é um grito de desespero e de censura. Quando um homem, uma mulher, uma criança, são assassinados, para ser roubados – muitas vezes, uns miseráveis cruzados – quem mata e quem morre são indivíduos, quem é julgada e condenada é a sociedade.

O caráter genérico, indiscriminado e, aparentemente, gratuito, de que se reveste a violência no mundo de hoje, é que me permite pensar que o nosso futuro não está em encontrar formas de acomodação e convivência com ela.

Acredito que encontrar meios de vencer a violência não passa pela criação de Estados monstruosamente fortes que esmaguem o indivíduo e aniquilem a pessoa humana; nem por sociedades sofisticadamente anárquicas, nas quais prepondera o indivíduo como força violenta.

A violência será vencida quando a sociedade for organizada de tal maneira que as diferenças entre os homens sejam cada vez menos sensíveis. E o óbvio que encerra um longo caminho a percorrer e que uma vez percorrido, talvez, revele ao homem civilizado que seu pecado original não foi o de ter comido o fruto do Bem e do Mal, mas de ter tido história.

INDICAÇÕES PARA LEITURA

Seguirei nestas indicações a mesma orientação informal adotada no texto. Os jornais diários são imprescindíveis para conhecer-se como vai a violência em nossa sociedade. Eles fazem a história do presente. Lendo-os da primeira à última página, pode-se ter um quadro bem diversificado das violências que cercam o homem contemporâneo. Ao lê-los, não privilegiar apenas as violências de caráter policial – essas são apenas as mais ostensivas e aparentes. Nunca esquecer os noticiários político e econômico: neles brilham com brilho inexcedível os cérebros prodigiosos dos que nos dirigem. Os jornais dão um farto material para a reflexão e para a indignação.

Os livros de história são indispensáveis à inteligência do assunto. Sejam sobre o Brasil ou sobre a história geral, permitem que nós nos conheçamos melhor e melhor nos situemos no mundo atual. O cuidado a evitar são os livros encomendados. Não são difíceis assim de serem identificados. Procure aprender a ler o índice de um livro: leia sua introdução, verifique seu conteúdo pelos títulos de seus capítulos, folheie-o e leia, aqui e ali, algumas frases só depois dessa análise, compre-o. Os livros da coleção *Tudo é história* são um bom começo.

Os livros de Florestan Fernandes e Regis Morais, desta coleção, respectivamente *O que é Revolução* e *O que é Violência urbana*, devem ser lidos.

Acredito, também, que para se conhecer e poder pensar sobre a violência, os romances são necessários. Neste particular, destaco a obra de Dostoievski. Não é fácil destacar títulos de sua obra, pois quase todos os seus romances tratam do problema da violência, em suas mais diversas manifestações. Por preferência pessoal, destacaria: *Crime e Castigo, Recordações da Casa dos Mortos, Humilhados e Ofendidos, Os Demônios*. O ideal seria ler toda a sua obra. Na literatura brasileira, todo o chamado ciclo nordestino do romance é importantíssimo. Destaco: Graciliano Ramos e José Lins do Rego, José Américo de Almeida. Os primeiros romances de Jorge Amado são importantíssimos: *Jubiabá, Mar Morto, Capitães da Areia*. Em princípio, todos os romances que vão até *Gabriela, Cravo e Canela*.

A literatura de natureza política que começou a surgir com os novos rumos liberalizantes do país, é imprescindível.

SOBRE O AUTOR

O nome é Nilo Odalia, embora tenha sofrido corruptelas, que vão de Odara a Otília. Insisto e persisto com o Odalia e me consolo pensando que a alteridade é uma propriedade poética.

Nasci em Osasco, 1929, quando era um longínquo bairro de São Paulo, não uma das cidades mais próximas. Sempre gostei de futebol. Fui jogador do invencível infantil Sominha, no início da década de 1940. Uma fotografia desse time mereceu de Umberto Eco a seguinte frase: "O time que todos nós gostaríamos de ter tido". Por honra do nome e da origem, sou palmeirense fanático, abalado nestes últimos anos – em fase de recuperação, atualmente.

Formado em Filosofia, pela Faculdade de Filosofia, Ciências e Letras, da USP, a da Rua Maria Antonia, de saudosa memória – uma das primeiras vítimas dos responsáveis pelo AI-5, incluindo-se aí, com todos os méritos, o governador do Estado, Abreu Sodré, que assistiu impassível sua destruição.

Fui professor da FAFIA, de Assis, durante 12 anos, onde doutorei-me. Fiz Livre-Docência no ILCSE, da Unesp – *campus* de Araraquara. Exerço, nessa instituição, atualmente, as funções de Professor-Titular.

Fui Presidente da Associação de Docentes da UNESP – ADUNESP, grevista em 1979 e 1982.

Trabalhos publicados em livros, revistas acadêmicas e não acadêmicas.